Hack avanzati

per Twitch

Contenuto

La tendenza dello streaming è una delle modalità più preferite al giorno d'oggi, in quanto è una forma più interattiva o di presentazione di contenuti, la migliore proposta di questo tipo di contenuti è attraverso Twitch, questa è una piattaforma interessante che sta aggiungendo sempre più caratteristiche per far brillare ogni account.

Il servizio e le opzioni offerte da questa piattaforma per ogni account è qualcosa che dovreste conoscere, sia per godere di ogni alternativa di intrattenimento o per formare un account con il quale potrete far riconoscere il vostro utente e allo stesso tempo generare denaro, quindi state per avere i dati più basilari e avanzati di questo mezzo.

L'emergere di Twitch

La traiettoria di Twitch è iniziata nel 2011, da quel momento ha iniziato un percorso di successo, al di là del fatto che era un'opzione di streaming secondaria dietro YouTube, poi nel tempo ha guadagnato un posto molto più importante tra gli utenti, soprattutto con il sostegno di Amazon, che ha acquisito questa piattaforma dopo la sua evoluzione.

Si definisce come una piattaforma di videogiochi, perché essendo uno spazio ideale per lo streaming, sempre più giocatori creano un canale su Twitch, soprattutto perché c'è un sacco di contenuti da sfruttare su un gioco o qualsiasi altro argomento, quindi è ancora fattibile creare e far crescere un account.

Questo servizio di streaming sta guadagnando una grande popolarità anche tra i bambini, le origini della piattaforma hanno molto a che fare con la spinta dello streaming per tutti i tipi di scopi che si tratti di blogging, musica, cucina e così via, anche se l'argomento più popolare sono i videogiochi.

La forza di Twitch risiede negli e-sports, in quanto gli e-sports sono stati una delle prime offerte di contenuti ad essere sempre più consolidati fino a questo punto, rendendolo uno spazio ideale per le trasmissioni di videogiochi, indipendentemente dal genere.

Twitch stesso, oltre ai suoi streaming, ha brillato includendo la chat diretta, in modo che gli streamer possano mantenere un feedback mentre sviluppano la trasmissione, creando un legame con gli utenti o i fan in tempo reale, emettendo così la sensazione di essere ascoltati, per creare un legame tra streamer e fan.

La formazione di Twitch era parte di un'offerta di Justin.tv, che è un servizio con grande somiglianza con YouTube, ma la sua forza era nello streaming in diretta, perché gli altri servizi di questa categoria trasmettono solo video in differita, ma nel 2014 Justin.tv ha cambiato la sua organizzazione in Twitch Interactive.

Questo tipo di cambiamento è stato una risposta all'enorme popolarità e quantità di traffico che Twitch trasmette, e quello stesso anno la piattaforma è entrata nelle prime quattro piattaforme con il più alto livello di traffico online, facendole raggiungere abitualmente 50 milioni di visitatori unici su base mensile.

In considerazione di questo fenomeno, l'interesse di Amazon è stato suscitato, al punto di acquistare la piattaforma, questa operazione finanziaria è stimata in 800 milioni di euro, da questo acquisto Twitch non ha smesso di crescere, allo stesso livello come il numero di visite è aumentato e le funzioni sono state aggiunte allo stesso modo.

Una delle nuove caratteristiche è che gli utenti possono offrire suggerimenti agli streamer di loro scelta, così come creare e promuovere contenuti a pagamento per la comunità di utenti premium, posizionandosi così come un servizio di streaming riconosciuto nel 202 per superare YouTube Gaming.

L'opportunità di visualizzazione fornita da Twitch è reale, con fino a 15 milioni di utenti che cercano di vedere uno dei 3,8 milioni di canali su base giornaliera, quindi creare un account su questa piattaforma è una finestra importante per fornire contenuti a questo livello.

Scopri come accedere a Twitch

Se volete far parte di Twitch, la prima cosa che dovete fare è accedere al sito web o utilizzare le loro applicazioni sia per un dispositivo mobile o una console, anche questa piattaforma permette di visualizzare i contenuti senza registrarsi, ma per partecipare alla chat con gli streamer se è necessario avere un account.

I vantaggi di un account Twitch sono essenziali, soprattutto perché si possono ricevere notifiche quando stanno per trasmettere uno stream dal vivo ed è uno streamer preferito, quindi creare il proprio canale è una buona decisione da considerare, si deve sapere che questo è un processo gratuito e si deve solo mettere un nome utente, password, dati di nascita ed e-mail.

- **Scopri come trovare i canali su Twitch**

Quando si accede a Twitch è possibile ottenere un sacco di canali interessanti, attraverso la pagina principale o la sezione si vedranno le categorie che sono di tendenza al momento, di solito la categoria dominante è il video gaming, con Genshin, League of Legends e Rust che sono i più popolari.

Ogni stagione o innovazione di questi giochi è sfruttata da streamer specializzati in quell'argomento, se non volete vedere nessuna di queste categorie potete cliccare su "Esplora" per vedere un ampio elenco di argomenti, perché oltre ai giochi c'è anche una buona gamma di contenuti in offerta.

Una delle categorie più curiose o frequentate è quella degli utenti che chiacchierano o discutono di qualche argomento, alcuni account creano anche un programma fisso per presentare le loro interviste come una sorta di notiziario o dibattito che gli utenti si aspettano, è un modo molto più interattivo rispetto a una radio o un podcast.

Gli argomenti sono trattati o presentati al ritmo della chat, d'altra parte, è possibile scoprire ciò che offre il mondo di Twitch, dove gli account che narrano viaggi o sono parte di questo tema anche brillare, questi sono diretti che cercano di condividere esperienze, questo è un segno che non tutto è contenuto di gioco.

Un'altra categoria interessante è quella dei Talk show e podcast, per sviluppare tutti i tipi di programmi, e attraverso la sezione arte si mostra agli artisti come stanno generando il passo dopo passo di un progetto. Lo stesso accade con la categoria musica, dove gli artisti trasmettono le loro canzoni dal vivo e soddisfano richieste o rispondono a domande.

Oltre al tipo di contenuto che scegli, puoi usare un sistema di tag per filtrare e specializzare la tua ricerca, queste sono parole in grigio sotto i flussi live, se ci clicchi sopra, il sito stesso riordinerà i flussi che sono legati a questo tag.

Un altro modo per cercare su questa piattaforma, è manualmente sul motore di ricerca, bisogna anche prestare attenzione ai tag che sono di tendenza al momento, per ogni tipo di categoria troverete due divisioni, tra video e clip, questi forniscono contenuti in differita, come registrazioni dal vivo da date precedenti.

Questo significa che quando si perde uno stream si ha la possibilità di riviverlo, ma la distinzione di queste sezioni è che "video" riguarda il raggruppamento di trasmissioni complete, che possono essere lunghe fino a due ore, mentre i clip sono brevi frammenti che vengono presentati come highlights e sono talvolta creati dai fan.

C'è molto da trovare su Twitch, perché è una piattaforma che può essere messa a molti usi diversi, i creatori di contenuti hanno l'opportunità di innovare, e sono nati canali che sono strettamente legati a spiegare e discutere di politica.

- **Cosa si può fare mentre ci si gode uno spettacolo dal vivo**

Una volta selezionato un canale che ti piace, puoi cliccare su "segui", questo è un simbolo descritto come un cuore viola, in modo che sia attaccato alla tua lista, in modo da ricevere notifiche, come un avviso che Twitch trasmette quando il canale prossimo va in diretta.

Se in qualsiasi momento vuoi smettere di ricevere notifiche, basta spegnere la campana, o se ti dispiace seguire un canale e vuoi smettere di seguirlo, basta cliccare di nuovo sul cuore. Se conosci un utente a cui potrebbe piacere il canale, basta cliccare sull'icona della freccia in alto.

Sopra il vassoio c'è l'opzione di raccomandare un canale, così sorgono alternative per condividere l'URL per pubblicarlo sui social network o qualsiasi altro media, allo stesso modo quando un contenuto infrange le regole della piattaforma come commenti razzisti, contenuti sessuali e altri, è possibile denunciare il creatore.

Sul lato destro puoi vedere le opzioni di chat, devi seguire il canale in anticipo, poi clicca su "invia un messaggio", in questo modo puoi scrivere e inviare quello che vuoi, a patto di non violare nessuna regola, in questa modalità puoi usare gli emoji cliccando sulla faccia.

Queste opzioni fanno sì che tu possa visualizzare le emoji più usate, allo stesso modo puoi personalizzare le emoji di questa chat, o qualsiasi altro tipo di espressione, ma quando hanno dei lucchetti significa che devi seguire e iscriverti al canale per usarlo, nel caso in cui la chat ti dia troppo fastidio puoi cliccare sulla freccia per minimizzarla.

Nel corso della chat puoi imbatterti in qualcuno che ti piace, puoi seguirlo cliccando sul suo nome, puoi cliccare o su aggiungi amico o su sussurra, di solito prima seleziona sussurra in modo che tu abbia la possibilità di inviare un messaggio e presentarti in modo che possiate aggiungervi a vicenda.

Così come puoi cliccare sulla piccola icona delle persone sopra la chat, questo invocherà una lista di utenti in modo da avere il contatto che ti interessa.

Contenuto prezioso offerto nei flussi Twitch

Per pensare al tipo di valore che si può creare e offrire su Twitch, è facile quando si sfoglia l'intera piattaforma per avere un'idea di ciò che viene offerto, e finché si capisce il modo in cui questa piattaforma è sviluppata o il modo in cui è, sarà più facile essere parte di questo tipo di ambiente.

Seguire l'idea che molte persone si riuniscono per godersi lo streaming aiuta a costruire contenuti che soddisfano tali aspettative, soprattutto quando diversi fattori abitano questo tipo di piattaforma, di solito i canali che ricevono più attenzione sono quelli che mostrano demo o versioni in anteprima dei giochi più popolari.

Nel caso dei fan di Call of Duty, possono essere interessati agli streamer che trasmettono un gameplay o un trucco su questo argomento, allo stesso modo quando si guardano alcuni gameplay funziona come un aiuto per affrontare eventuali dubbi su un gioco, ma quando si dubita che questo sia il vostro forte, è meglio andare per un altro percorso.

L'essenziale è che tu sappia tutto sull'argomento che speri di coprire, per questo è una dedica ampia, perché l'intenzione è che il tuo account sia un mezzo per scoprire più dettagli su quella consegna, senza pensare ai soldi o alla fama, allo stesso modo deve essere una consegna con cui ti diverti.

Non è consigliabile iniziare con un investimento pesante, ma provare con opzioni valide che ti aiutano ad avere un buon inizio per aumentare il livello fino a creare una comunità che ti segue, l'importante è prendere la decisione di prepararsi ed essere creativi su quell'argomento per mostrare il meglio di sé.

Per non essere ridondante, non puoi perdere di vista la necessità di stabilire un tema creativo, dove la tua personalità è anche un punto di attrazione, poiché il contenuto non è scelto solo dal titolo ma anche da ciò che lo streamer trasmette, perché l'intenzione è che l'utente possa divertirsi e soprattutto che possa interagire.

Diventare di successo su Twitch è possibile quando si fa appello al carisma, è un modo di giocare sulla personalità per offrire la migliore presentazione possibile, motivo per cui si parla di un insieme di fattori per diventare uno streamer online famoso.

Per saperne di più sul pagamento del gioco Prime o sull'abbonamento al canale

Quando la piattaforma Twitch inizierà a piacerti sempre di più, vorrai sottoscrivere un abbonamento a pagamento, anche se ci possono essere dubbi sul fatto che sia un investimento utile o meno, quindi tieni presente che l'abbonamento principale che puoi esaurire si chiama Twitch Gaming, ma in origine si chiamava Twitch Prime.

Questo tipo di pagamento fornisce diversi vantaggi, ma non significa che la versione gratuita non fornisca benefici, perché quando ti piace un canale puoi godertelo senza dover pagare il creatore, mentre la versione a pagamento si riferisce a una questione di esclusività che non si ottiene con altri mezzi.

La modalità Prime è in piena espansione, soprattutto perché il pagamento è incluso su Amazon Prime dal 2014 che questa azienda ha acquistato la piattaforma, questo significa che se avete Amazon Prime si può contare su Prime Gaming, questo tipo di abbonamento solo ha un costo di 4 euro al mese.

Questo tipo di offerta è ideale per tutto ciò che fornisce, ma per lo più è più conveniente acquistare Amazon Prime per quel bonus extra di Twitch, d'altra parte, ci sono le offerte di abbonamento individuale, la cosa importante da sapere in anticipo è che troverete una vasta offerta su ogni canale.

Ogni canale può anche mantenere un'offerta di abbonamento mensile, in modo da poter pagare per ottenere più benefici, e ognuno di questi abbonamenti sono responsabili della condivisione o dell'offerta di una serie di innovazioni sul canale e il contenuto, in particolare il fatto che la pubblicità non appare durante le trasmissioni.

La chat esclusiva è un'opzione che non è disponibile per tutti, lo stesso vale per il catalogo di video che è destinato solo a questo tipo di abbonati, gli altri vantaggi sono dovuti a una questione di design, oltre ad essere sbloccati diversi emoji che possono essere personalizzati.

L'iscrizione a pagamento di un canale viene effettuata come dimostrazione di gradimento per la creazione di contenuti che viene fatta, soprattutto quando si sta cercando di emettere un sostegno finanziario per continuare a produrre quei video, è questo che motiva gli utenti a pagare, che è più per ammirazione che per qualsiasi scelta di utilità.

Il livello di sicurezza offerto da Twitch

Mettendo twitch come una delle vostre piattaforme preferite e aggiungendolo al vostro browser, potete effettuare le impostazioni del profilo, ma prima di qualsiasi modifica estetica, è meglio familiarizzare con la sezione sicurezza e privacy, perché è una piattaforma dove possono emergere alcuni hacker.

La prevenzione all'interno di qualsiasi piattaforma non è mai una brutta cosa, quindi un primo passo che potete fare è quello di creare una lunga password, questa può essere composta da maiuscole, minuscole, numeri e un segno di punteggiatura, questo è una seccatura per molti, ma è la migliore garanzia che non sarete un facile bersaglio per gli hacker.

D'altra parte, si può scegliere di impostare l'autenticazione in due passaggi, questo funziona come un livello di protezione all'inizio prima di effettuare il login, in modo che quando qualcuno cerca di accedere al tuo account non sarà in grado di farlo, in quanto emette anche un codice per cambiare la password.

Al di là degli hack, una domanda costante sorge attraverso il tipo di contenuto che può essere postato per bambini o minori, ma si deve sapere che Twitch non è una piattaforma creata o progettata allo scopo di ospitare minori, anche se ha una seria politica di moderazione dei contenuti in modo che non siano violenti o offensivi.

Ma alcuni dei contenuti possono far trapelare qualcosa che è inappropriato per i bambini, e la maggior parte dei giochi sono nella categoria violenta, e in cima al contenuto c'è anche il rischio che sorge su chat, come avrebbero accesso a chattare con estranei e possono inviare alcuni messaggi privati.

In tali situazioni la piattaforma ha opzioni per aiutare a bloccare utenti e canali, ma la realtà è che è una piattaforma che non è raccomandata per i bambini sotto i 13 anni, quindi non dovrebbero usarla, nel caso in cui hanno giocatori preferiti è meglio che lo guardino su YouTube attraverso i loro estratti.

I vari temi su Twitch

Ogni appassionato di gioco è pienamente consapevole di ciò che Twitch ha da offrire, ma sono emersi tutti i tipi di contenuti che sono acclamati dalla comunità che a sua volta preferisce i contenuti in streaming, e questo è aumentato di anno in anno, soprattutto con gli eventi che si tengono ogni anno.

Più persone nel mondo entrano in Twitch per motivi diversi, per questo motivo è uno spazio per entrare e avere un account, perché se sei un amante delle trasmissioni video questa è un'opportunità per mostrare il tuo talento, soprattutto per sfruttare la crescita eccessiva che questa piattaforma sta avendo.

La comunità globale di Twitch è disponibile per qualsiasi utente, motivo per cui è classificato come un social network, raggiungendo lo stesso livello di Facebook, Instagram e anche YouTube, e la sua qualità globale è dovuta alla spinta di Amazon affinché ogni giocatore sia in grado di trasmettere in diretta per gli utenti che possono interagire.

Impara i passi per creare un account Twitch

Per creare un account su Twitch devi solo seguire alcuni semplici passi, attraverso i quali sarai in grado di sfruttare tutte le funzionalità di questa piattaforma, i passi sono i seguenti:

1. Collegatevi a https://www.twitch.tv/.
2. Clicca sull'angolo dove appare l'opzione "Registrati".
3. Compila i campi richiesti con i tuoi dati personali, questo comporta l'impostazione del tuo nome utente, password e data di nascita.

4. Scegli l'e-mail come mezzo di contatto.
5. Puoi approfittare della connessione della piattaforma con Facebook, così puoi iniziare con Facebook.

Una volta che si passa attraverso questo breve processo, si può avere un account funzionale per trasmettere e guadagnare popolarità nel tempo, utilizzando ciascuna delle opzioni che la piattaforma ha.

Come funziona Twitch

Creare un account Twitch e far funzionare le tue alternative Twitch è semplice, ma i primi passi che dovresti fare seriamente è capire a fondo come funziona questo tipo di piattaforma, in modo che il contenuto che presenti possa superare qualsiasi aspettativa.

- **Esplora Twitch**

Questa opzione ti permette come nuovo utente di conoscere tutto ciò che puoi trovare su questa piattaforma, basta cliccare sul pulsante esplora per avere accesso a un ampio elenco di categorie, presentando così i contenuti disponibili che puoi iniziare a visualizzare.

Sulla prima pagina di ogni titolo puoi dare un'occhiata da vicino al numero di persone online, questo ti permette di cliccare sulla prima pagina del gioco per vedere chi sta trasmettendo in streaming su quell'argomento, puoi anche passare nel menu "Mostra" per andare dalle categorie ai canali live ordinati per numero di visitatori.

- **I canali che segui**

Questa è una lista dei canali a cui sei iscritto, dove puoi avere accesso agli utenti che sono "Offline" se non sono online, o quelli che stanno trasmettendo in quel momento. Se sono online in quel momento, significa che sono attivi.

- **Canali in primo piano**

Questi sono canali Twitch che sei invitato a seguire perché sono i più popolari all'interno di quella comunità, è come una sorta di suggerimento sull'argomento che segui, in modo da selezionare gli account più importanti in quell'ambiente.

- **Gameplay, swag e altri dettagli su Twitch Prime**

Questo tipo di offerta corrisponde a ricompense settimanali, quindi è possibile ottenere donazioni e altre monetizzazioni che Twitch Prime ha.

- **Notifiche**

Possono essere attivati attraverso l'icona della campana, questo è un modo attraverso il quale è possibile ricevere notifiche su qualsiasi cambiamento che viene generato sulla piattaforma, questi cambiamenti possono essere nuovi abbonati, risultati, e altri tipi di messaggi sui canali che stai seguendo, o qualche altra notizia di questo tipo.

- **Ottenere bit**

I bit sono utilizzati come un sistema di ricompensa che può essere acquistato per essere condiviso o utilizzato con i creatori preferiti, questo tipo di sistema di ricompensa è un incentivo a livello economico.

- **Strumenti e funzioni del profilo**

Qui puoi trovare tutte le caratteristiche, gli strumenti, le configurazioni e altre impostazioni del pannello di controllo per gestire il tuo account Twitch.

Twitch Prime e tutto ciò che rappresenta

Il funzionamento di Twitch Prime si traduce in una versione Premium di questa piattaforma, questa versione ti aiuta a ottenere tutta una serie di regali che vengono sbloccati con ogni progresso, oltre a concedere e progettare contenuti esclusivi, ma la cosa migliore è il godimento del contenuto senza alcuna pubblicità.

Poiché Twitch è di proprietà di Amazon, è offerto attraverso l'acquisto di account Amazon Prime o Prime Video con contenuti Twitch Prime, questo avviene automaticamente.

Imparare a fare streaming su Twitch

Si tratta di una trasmissione come quella che si svolge su YouTube o Facebook Live, può essere effettuata anche attraverso OBS, questo è semplice e si deve solo seguire una configurazione che a prima vista può sembrare complessa, ma se si seguono questi passaggi è possibile effettuare la trasmissione:

1. Accedere a OBS Studio, che deve essere scaricato in anticipo.
2. Cliccate su File, poi cliccate su configurazione fino a raggiungere il pulsante "Issue".
3. La prossima cosa da selezionare è il tipo di trasmissione, devi cliccare su; servizio di relè.
4. Nella sezione dei servizi, clicca su "Twitch".
5. Attraverso il server, è possibile inserire l'opzione "Automatico".

6. Dove dice chiave di trasmissione devi incollare la chiave di trasmissione del canale Twitch.

Per trovare la chiave di trasmissione, devi solo accedere al tuo account Twitch, poi nell'angolo dove appare il tuo nome utente devi cliccare, la prossima cosa è entrare nel pannello di controllo, ed entrare nelle impostazioni per cliccare su "canale", in questo modo puoi selezionare di mostrare la chiave di trasmissione principale.

È importante che leggiate l'avviso che la piattaforma rilascia, in modo da essere d'accordo con tutte le condizioni e cliccare su "capito", poi dovrete solo copiarlo per utilizzarlo in OBS.

Caratteristiche del pannello di controllo di Twitch

Il pannello di controllo di Twitch è uno dei punti importanti da considerare, poiché questa piattaforma di streamer ha diverse preferenze quando trasmette, per questo motivo ha un ampio servizio di configurazione, devi solo prestare attenzione a ogni opzione per ottenere il meglio dal canale, queste opzioni sono utili.

Per mezzo di una particolare selezione è possibile fare soldi attraverso Twitch, questo aggiunge più rilevanza a questi passaggi, quindi si dovrebbero scoprire le seguenti impostazioni di base:

1. Live

Le informazioni sulla trasmissione si trovano in questa sezione, grazie a queste opzioni è possibile trovare il titolo della trasmissione, le notifiche su ciò che accade durante le trasmissioni in diretta, la categoria a cui appartiene il contenuto, fino ai tag e la lingua.

2. Titolo

Hai 140 caratteri per inserire un titolo alla trasmissione, quindi puoi cercare di renderlo accattivante per guadagnare utenti, questo è il modo per attirare un sacco di gente, così quando qualcuno si imbatte nella tua trasmissione non causerà esitazione ad entrare per guardare il contenuto.

3. Notifiche di trasmissioni in diretta

È un tipo di messaggio che appare ai follower quando stai trasmettendo in diretta, ma è meglio usare questa opportunità per inventare in modo creativo una chiamata all'azione che possa ottenere risultati, per ottenere questo puoi creare un testo di 140 caratteri per questo scopo.

4. Categoria

Per scegliere il tipo di categoria dovresti concentrarti solo sul tipo di contenuto che stai per pubblicare, questo dettaglio è importante perché se selezioni un'altra categoria che non è legata all'argomento, non otterrai gli spettatori giusti, perché non troveranno il tuo contenuto perché è nel posto sbagliato.

5. Tags

I tag rappresentano un punto cruciale, ma questi sono sottovalutati dalla maggior parte degli utenti su Twitch, quando in realtà possono andare oltre con il tuo account dandogli l'attenzione che merita, utilizzato per descrivere il flusso o indirezione, sopra la categoria.

La maggior parte degli spettatori li usa per trovare gli stream che sono di loro interesse, in quanto funzionano come una sorta di filtro per estirpare il contenuto che si sta cercando da un ampio catalogo, quindi quando si cercano tag specifici e si esplorano le raccomandazioni, sono le vie attraverso le quali un gran numero di utenti arriva al canale.

Twitch si occupa di gestire la questione dei tag, perché cerca di offrire una selezione che è disponibile, ma si ha la possibilità di personalizzare e aggiungere alcuni, seguendo il feedback ricevuto e a seconda del tipo di contenuto che si sta trasmettendo.

Idealmente, i tag dovrebbero seguire le stesse aspirazioni della comunità, quindi puoi anche includere un tipo specifico di tag, per scegliere quello appropriato puoi seguire alcuni suggerimenti o ricercare i tag disponibili sull'argomento che ha dominio nelle trasmissioni che fai.

I tag si trovano accanto alla miniatura o all'estratto del video, il che significa che deve essere compatibile con il titolo del video così come con la categoria, in questo modo si otterrà l'attenzione che si sta cercando, nel caso di pagine di directory questo è uno spazio dove gli spettatori possono utilizzare i tag per filtrare le directory di categoria.

In base a ciò che gli utenti stanno cercando, possono essere raggiunti con i tag che si mettono, cioè se un utente mette solo arte, e si vuole attirare l'attenzione delle persone che hanno quella preferenza, certamente il tag dovrebbe essere composto da quella parola, anche se è possibile utilizzare raccomandazioni personalizzate come un sistema dove i tag sono stimati.

Nel consigliare nuove trasmissioni in base al tipo di cronologia di visualizzazione che hai, dovresti seguire o utilizzare il tag che è più ripetuto all'interno della comunità che vuoi raggiungere, cioè che ti rende più idoneo alle loro preferenze, lo stesso vale per i tag che sono più ricercati.

L'inclusione dei tag ha molto a che fare con le trasmissioni in diretta, in quanto sono inclusi sopra la sezione delle informazioni di trasmissione, questo è fatto tramite il pannello di controllo in diretta, questo può essere fatto dai proprietari del canale così come dagli editori.

Alcuni tag vengono aggiunti automaticamente insieme alla lingua, nel caso in cui si voglia cambiare la lingua bisogna entrare nella trasmissione in diretta nel pannello di controllo live, l'impostazione dei tag deve essere aggiornata proprio come i titoli, dato che la loro funzione è quella di descrivere la trasmissione in corso quando il canale trasmette una diretta.

Quando trasmetti in diretta tramite un software di trasmissione di terze parti, è essenziale che tu non dimentichi di incorporare i tag appropriati tramite il pannello di controllo live, o chiedi a un editor di canali di occuparsi di questa funzione.

Il design dei tag ha lo scopo di aiutare lo spettatore a trovare il contenuto ideale, a seconda dei suoi interessi può imbattersi proprio in quello che vuole, e questi possono non essere legati a quella particolare categoria o argomento, permettendoti di guadagnare libertà quando imposti un tag per descrivere la trasmissione.

Questo significa che puoi trasmettere contenuti di tendenza senza che il video abbia bisogno di far parte di quella categoria, l'importante è che dedichi tempo e sforzo alla descrizione della trasmissione, sempre con una visione obiettiva in modo che il contenuto possa essere consigliato senza problemi e diretto verso gli spettatori che fanno al caso tuo.

Nel caso di pubblicare giochi o contenuti che sono competitivi, non dovresti aggiungere un tag che dice "eccitante", altrimenti il contenuto non apparirà sopra la sezione o la lista dei video in evidenza.

6. Lingua

La lingua che appare nella maggior parte delle opzioni, va di pari passo con la lingua che usi per la tua trasmissione, puoi anche selezionare la lingua che è appropriata per la tua nazionalità, e quando imposti una lingua specifica, puoi generare l'accesso alla trasmissione per quella lingua specifica.

Quando si imposta la lingua in modo appropriato, si ottiene l'aiuto per trovare l'account in modo efficace e senza perdere tanto tempo, quindi è un dettaglio da non sottovalutare.

7. Estensioni

Le estensioni sono diverse applicazioni o plugin che vengono installati per fare aggiustamenti alle trasmissioni, in modo che il canale possa ricevere un livello più alto di valore, perché c'è una grande varietà di estensioni per soddisfare i vostri obiettivi, in modo da poter trovare quella che si adatta alle vostre esigenze.

8. Risultati

Una piattaforma come Twitch ha anche un incentivo come alcuni successi, così una volta che si completano certi passi, si avrà la possibilità di sbloccare alcune caratteristiche che la piattaforma ha, o si può semplicemente usarla come una distrazione, l'importante è che ci si motivi come streamer per essere il migliore.

9. Eventi

Gli eventi sono quelli che funzionano sulla stessa linea di quelli organizzati da Facebook, per i quali di solito viene pubblicata una foto con il titolo, la descrizione dell'evento, la data di inizio e fine, la lingua in cui si terrà, anche la categoria, questi eventi sono generalmente interessanti e un'opportunità allo stesso tempo, per fare un lancio.

10. Attività

L'attività è un fattore in cui si riassumono tutte le funzioni o i passaggi effettuati, il che significa che ciò che si fa su Twitch si rifletterà su questa sezione, si basa su una cronologia dell'account in modo da poter prendere in considerazione le modifiche, le ritrasmissioni e qualsiasi altro tipo di attività come indica il suo nome.

11. Strumenti di trasmissione

Questo insieme di strumenti sono programmi che possono essere utilizzati per creare e impostare le vostre trasmissioni in diretta, esistono in tutte le forme che potete immaginare, da quelle a pagamento a quelle gratuite, la più comune è quella di utilizzare OBS, per sfruttare al massimo le sue funzioni dovete familiarizzare con ciò che offre.

Un passo fondamentale è quello di ottenere l'ultima versione dell'OBS, dove si possono trovare le sezioni per i test, così come i font che userete durante la registrazione, quindi questi passi sono raccomandati per essere fatti in anticipo, in modo da avere tutto coperto quando si registra.

C'è anche un'opzione per mostrare il browser in modo che siate in grado di includere una sorta di screenshot, oltre a verificare l'ingresso audio che la trasmissione avrà, tutti dettagli di preparazione per illustrare il tipo di video o contenuto che state per creare.

Il software mira a proiettare lo stesso come si sta guardando dietro lo schermo, così come aiutare a gestire l'uso di hardware come il microfono, l'immagine della trasmissione è possibile diminuire ed espandere come è meglio per il video, un'altra funzione curiosa è quello di catturare l'audio e server di gioco.

Quando si avvia il gioco, questo programma gratuito si occupa di catturare tutti i tipi di dettagli, può riconoscere il gioco per applicare le impostazioni più appropriate, la gestione della webcam è utile quando si tratta di trasmettere, questo è un modo per avere il pieno controllo della registrazione.

Le scene possono essere aggiunte al momento di includere il video, e si possono includere immagini per creare una presentazione con transizioni, questa è una delle utilità più comuni che aveva ricevuto questo tipo di programma, che permette di personalizzare la trasmissione nel modo e nello stile che si desidera, senza dimenticare l'inserimento di testo che può essere effettuato.

12. Analisi

È definito come una sezione per trovare i dati sulle trasmissioni, dai punti socio-demografici degli spettatori, così come le ore di riproduzione, tra gli altri dettagli, in modo da poter prendere decisioni sul tuo contenuto, questo ti aiuta a prendere sul serio i tuoi progressi come streamer.

Per arrivare a monetizzare all'interno di questa piattaforma non si può non rafforzare questi aspetti, aiuta anche a progettare una strategia grazie all'analisi di questo tipo di dati, è una misura per essere in grado di migliorare.

13. Video

È una modalità o una sezione per pubblicare i propri video che sono stati modificati, questo rende facile esporli come un falso live, quindi è possibile organizzare l'intera sezione in collezioni, in modo da formare clip di video che appartengono ad altri streamer, cioè sono salvati e possono essere visti di nuovo in un altro momento.

Impostazioni aggiuntive del canale

Attraverso le impostazioni che si trovano nel pannello di controllo, è possibile accedere a una delle parti più importanti per presentarsi come uno streamer di successo, quindi si dovrebbero riconoscere i seguenti punti:

- **Canale**

In questa sezione potete trovare la chiave di trasmissione che dovete usare per iniziare con OBS, questo è ribadito perché molte volte si perde la traccia della posizione di questa chiave, attraverso questa sezione potete selezionare se volete salvare le trasmissioni precedenti, avete un periodo massimo di 14 giorni per conservarlo come un utente normale.

Se sei un utente Prime, partner o turbo, hai 60 giorni di tempo per far salvare il video, e tra le opzioni puoi scegliere se si tratta di contenuti per adulti, il che non significa che si tratta di pornografia, ma piuttosto che vengono trasmessi annunci violenti o altre misure prima che inizi la trasmissione.

D'altra parte puoi scegliere la preferenza di ottimizzazione, questo ti aiuta a garantire che la qualità video possa andare di pari passo con lo streaming, cioè nel caso in cui hai poca potenza sul tuo pc, può essere complesso eseguire due compiti, come il gioco e l'OBS, puoi selezionare la misura "bassa latenza".

D'altra parte, quando hai una grande squadra che può sostenerti, puoi continuare a trasmettere senza limitazioni, un altro punto di cui occuparsi sono i permessi, poiché hai il potere di scegliere se altre persone possono trasmettere il contenuto del tuo canale.

Un aspetto estetico che fornisce una migliore presenza è quello di creare un banner che può apparire quando il canale è disattivato, in questo modo i seguaci possono entrare e guardare un video precedente, senza la necessità di quella fastidiosa immagine nera che rimane sullo schermo, perché più sei autentico, più utenti attirerai.

Le caratteristiche rendono facile la gestione dei permessi sulla comunità, dove è possibile concedere e nominare un editore nella misura in cui ha le stesse funzioni del proprietario del canale, così come l'inclusione di un moderatore che è incaricato di gestire un ambiente di chat amichevole.

D'altra parte, ci sono gli utenti VIP che sono descritti come prominenti nella comunità, puoi anche trovare le impostazioni di moderazione in modo che tutti quelli che vogliono possano essere in contatto con te, la partecipazione alla chat è un aspetto che non dovresti trascurare, e puoi anche avere un verificatore di email.

Modi per guadagnare seguaci su Twitch

Una volta che hai impostato il tuo canale, conosci ogni funzione e configurazione, il passo successivo è quello di creare un canale che sia accattivante, in modo che il tuo contenuto sia uno dei più visitati, sfruttando appieno tutto ciò che OBS ha da offrire, oltre ad aver identificato in anticipo l'argomento che tratterai nella trasmissione.

Iniziare a strim è semplice quando si coprono queste basi, la cosa essenziale è che si prende in considerazione la varietà di canali come una motivazione non come qualcosa di scoraggiante, perché è possibile ottenere seguaci fino a quando si imposta come un obiettivo, dal momento che il livello di traffico che è su questa piattaforma è un'opportunità.

Finché hai qualcosa di unico da offrire attraverso il tuo canale, puoi sfruttare al massimo le possibilità di crescita che ti si presentano, per questo puoi usare e mettere in pratica alcuni consigli per diventare un grande streamer come le seguenti azioni:

1. Definisci che tipo di streamer sei

Quello che si vuole essere in mezzo a Twitch è un punto fondamentale per crescere su questa piattaforma, in quanto è necessario pensare prima di tutto se si tratta di un gioco, poi se si ha intenzione di giocare tutte le modalità o solo le nuove uscite, di conseguenza, è necessario definire il tipo di console che si intende utilizzare, così come lo stile da scegliere se è retrò o nuovo.

Una volta che puoi rispondere a queste domande basilari e importanti, puoi prendere decisioni per crescere su quel mezzo o argomento, fino a monetizzare il tuo account, questo è un punto davvero fondamentale per il tuo futuro su questa piattaforma.

2. Costruire una strategia di valore

È fondamentale che quando ti unisci a Twitch, tu possa dedicarti alla trasmissione perché sei appassionato, ma non perché stai cercando solo di guadagnare fama, perché questo è percepito dagli utenti, devi diffondere empatia e amore per questo contenuto, se non rispetti questo puoi essere schiacciato dalla concorrenza che usa molto più carisma.

La formazione di una strategia non implica prenderla così seriamente da perdere la sua naturalezza, poiché poi si nota dal vivo che state seguendo un copione inflessibile, la cosa più preziosa è che vi divertite con ciò che trasmettete, in questo modo otterrete più utenti a vedervi al punto da guadagnare più utenti a vostro favore.

3. Identificare cosa c'è di meglio nella vostra offerta

Ogni comunità si forma quando si raggiunge con una proposta di valore, quindi devi conoscere te stesso per promuovere il tuo canale, se sei un esperto in materia e cercare di condividere con i seguaci tutti i tuoi trucchi, si sta formando un profilo che fornirà ogni persona, ma questo deve essere combinato con la tua personalità.

Il modo in cui spieghi una trasmissione conta molto, è un valore aggiunto che può essere definito nel modo in cui insegni agli altri, devi prendere il tempo per imparare il modo migliore per realizzarlo, ecco perché può essere un argomento ridondante su Twitch, ma è presentato da più di 1000 modi per spiegarlo.

La cosa migliore che puoi selezionare è ciò che ti si addice di più, pensa o dai priorità al tipo di personalità che possiedi, in questo modo puoi trovare le risposte su ciò che vuoi fare, ma il punto di tutto è creare un bel momento in cui la gente ti vede, quel lato appariscente è quello che non puoi perdere.

4. Mantiene la costanza

Per essere uno streamer professionista devi implementare la coerenza, questa è necessaria per tutto ciò che proponi, quindi è un'ottima idea fissare degli orari per la registrazione, per creare l'abitudine di destinare quei giorni a quell'attività, dovresti anche studiare l'orario più frequentato dagli utenti, questo ti aiuta a guadagnare traffico durante le trasmissioni.

Quando trasmetti contenuti su base regolare, otterrai che gli utenti si ricordino di te, ma devi anche pensare alle esigenze degli utenti, cioè quando puoi avere accesso alla più grande concentrazione di quella comunità, è essenziale che tu abbia una misura fissa di creazione di contenuti in modo che sia facile promuoverli.

5. Organizza lotterie o premia la tua comunità

Niente eccita una comunità di seguaci più dei giveaway, quindi un buon modo per ottenere l'apprezzamento delle persone è attraverso questo canale, quindi organizzare un concorso e offrire giveaway è una buona motivazione per loro a venire sul canale, il più competitivo è un concorso a premi perché ti aiuta a guadagnare traffico.

6. **Creare e pianificare strategie su altri social network**

Twitch è riconosciuto come un social network in sé, ma è possibile utilizzare il traffico da altri social network per farsi conoscere, cioè è possibile implementare un piano di Social Media, questo dovrebbe adattarsi al tema del canale, così come un modo per condividere contenuti di valore, facendo sì che i tuoi seguaci siano incoraggiati a unirsi a Twitch sul tuo canale.

Non puoi dimenticare di chiedere alle persone di seguirti su altri social network, questo funziona come un trampolino di lancio per crescere su questa piattaforma, il requisito principale è che tu stabilisca relazioni con gli utenti e rimanga attivo nella condivisione di contenuti, pur facendosi conoscere in modo da attirare l'attenzione.

La conversazione con gli utenti è un buon modo per condividere contenuti, in più con altri streamer ci si può aiutare a vicenda come scambio di promozione, in questo modo ci si conosce a vicenda usando la comunità dell'altro.

7. Partecipare agli eventi e al networking

Gli eventi sul tuo tema Twitch sono un brillante trampolino di lancio, in questo modo puoi andare lontano usando una comunità locale, per ottenere un supporto virtuale, in più devi essere riconosciuto nel mezzo o almeno essere coinvolto con un'attività in quell'ambiente che può ottenere l'attenzione della gente o degli utenti.

Gli eventi stanno prendendo sempre più forza, soprattutto quando si tratta di videogiochi, si possono creare attività virtuali, come la competizione con altri streamer, fondendo così la popolarità di tutti in uno stream che può muovere una grande quantità di traffico che è vantaggioso per tutti.

Nel broadcasting puoi diventare un esperto, a patto che tu prenda seriamente ogni passo, e hai la possibilità di fare rete con altri streamer per usare quel supporto a tuo vantaggio, così come presentare un contenuto che piace a quel settore, poiché non c'è niente di più eccitante di un buon evento.

8. Imparare e sviluppare azioni di design grafico

Il tuo canale può essere modellato come meglio si adatta al tipo di contenuto che presenti, pensalo come la decorazione di una stanza e allo stesso modo creerai un canale che sia competitivo, finché emette un'immagine perfetta farai parlare il design per te, sarà una presentazione stessa.

Se il design non è il tuo forte e non vuoi fare un grande investimento su questo argomento, puoi utilizzare alcuni semplici strumenti che possono aiutarti, questi sono totalmente online e con un funzionamento intuitivo in modo che tu sia in grado di presentare un grande design, tra le opzioni spicca Canva.

Ci sono molti modi per far innamorare i follower attraverso il design, l'importante è che tu possa andare oltre, cioè cercare un'immagine perfetta per il tema, perché questo aiuta a fare la personalizzazione e che gli utenti possano riconoscerti, quindi puoi cercare un supporto per avere un video introduttivo prima di trasmettere uno streaming.

9. **Trasmettere attraverso altri canali di social media**

Al di là del fatto che Twitch è una delle piattaforme di streaming numero uno, puoi comunque usare altri social media per far notare i tuoi contenuti, usando recaps, estratti, pezzi divertenti e altro per attirare l'attenzione su altri social network video.

Puoi provare a trasmettere i tuoi contenuti attraverso Facebook Live o anche su YouTube, l'importante è che sia una proposta varia, in questo modo puoi diversificare i tuoi seguaci e portare l'attrazione che generi da una piattaforma all'altra, può essere qualcosa che richiede dedizione, ma ne vale la pena per crescere e farsi conoscere.

10. Ricerca e implementazione del Neuromarketing

Come esperto è comune che tu voglia provocare sempre più impatto con i tuoi contenuti, per questo lo studio del neuromarketing è molto utile per trasmettere emozioni e soprattutto per conquistare l'affetto degli spettatori, le menti dei tuoi utenti possono essere dominate a patto che tu faccia attenzione a provocare attrazione.

11. Non usare la frase "seguimi e io ti seguirò".

Questo tipo di metodologia disperata per ottenere seguaci ti lascia solo come un account disperato, funziona solo o è più appropriato quando si usa quando si inizia in questo mezzo, e si può applicare questo testo sui forum, ma con l'obiettivo di raggiungere persone che sono nella tua stessa situazione, in termini di progresso.

La proposta "seguimi e io ti seguirò" può causare imbarazzo, soprattutto quando si tratta di scalare una piattaforma dove devi essere interessante per il tipo di contenuto che presenti o per l'argomento trattato, questa non è una cattiva strategia, ma non dovresti abituartici.

Scopri come fare soldi su Twitch

Essere uno streamer genera molti benefici, tra questi è l'opportunità di generare reddito, questo è una realtà quando si dispone di una performance accettabile, cioè il contenuto deve essere buono per il tuo canale può monetizzare il modo che ti aspetti, per raggiungere questo compito è possibile seguire alcuni suggerimenti.

Un passo fondamentale per fare soldi è imparare quanto più possibile su Twitch, questo include anche tenersi aggiornati sulle novità della piattaforma, quindi assumere il proprio ruolo di streamer nel modo più professionale possibile, ma non al punto da diventare ossessionati dal fare soldi.

Il processo di monetizzazione su Twitch è un fatto che ha bisogno di pazienza, come non accade da un giorno all'altro, ma si può tenere a mente che Amazon ha un programma di affiliazione e lo stesso accade con Twitch, in questo caso la piattaforma stessa è responsabile per invitarti ad essere uno, ma è necessario soddisfare alcuni requisiti come i seguenti:

- Soddisfare un livello di trasmissione di 500 minuti negli ultimi 30 giorni.
- Hanno ritrasmesso durante gli ultimi 7 giorni, circa 30 giorni.
- Avere una media di 3 spettatori alla stessa ora negli ultimi 30 giorni.
- Avere almeno 50 seguaci.
- Mantenere un account autenticato in due fasi.

Un ulteriore modo di generare denaro è attraverso il sistema di donazione, questo si basa sull'attivazione di un banner che permette ai seguaci di essere in grado di fare donazioni finanziarie come contributo al canale, cioè si basa su una dimostrazione di sostegno al contenuto.

Inoltre è possibile utilizzare un altro tipo di sistema di affiliazione, per questo è necessario condividere alcuni link che ti permettono di guadagnare commissioni quando qualcuno compra attraverso il link, questo segue la stessa dinamica che si sviluppa nel sistema di affiliazione Amazon o come accade con altri negozi di videogiochi come G2A.

Twitch sviluppa un sistema Bit, che permette di ottenere un centesimo ogni volta che qualcuno usa un Bit per inviare un tifo sul canale.

La celebrazione di Twitchcon

La celebrazione Twitchcon è conosciuta come un evento annuale, un'offerta del meglio che la piattaforma ha da offrire, questa celebrazione si svolge durante un intero fine settimana, per organizzare e celebrare attività, stream, tornei e molto altro, una compilation per i veri fan.

L'annuncio di questo evento ha molto a che fare con lo sviluppo di un gran numero di attività, aumentando così il livello di traffico che è in grado di generare da solo come piattaforma, quindi è un argomento a cui dedicare importanza perché la vostra partecipazione può portarvi a guadagnare follower.

L'offerta di Twitch sui videogiochi

Questo punto è rilevante per coloro che credono che Twitch sia solo sui videogiochi, perché le categorie all'interno della piattaforma si stanno espandendo, una delle più popolari è IRL, che è conosciuta come uno spazio per i canali dedicati a talk show e podcast.

Tutto ciò che riguarda la musica e le arti dello spettacolo riceve un trattamento speciale, così come gli argomenti di scienza e tecnologia sono ben accolti su questa piattaforma, e gli utenti che si occupano di giochi di ruolo, o la spiegazione di un mestiere come lavorare con la vernice, questo tipo di visione ha grande scalabilità su questo mezzo.

Anche gli eventi possono essere segnalati attraverso questa piattaforma, insieme all'inclusione di sport e fitness, oltre a persone che cucinano e persino mangiano dal vivo per assaggiare un piatto, che sta anche causando interesse tra la comunità di utenti.

In mezzo a IRL, uno dei canali che sta guadagnando più trazione è Just Chatting, dove gli utenti si siedono e usano la loro webcam per parlare di qualche strano incidente che accade, a patto che le questioni di politica della piattaforma siano salvaguardate, perché la privacy non può essere violata tramite Twitch.

Questo tipo di creazione di contenuti brilla perché è così interessante, di per sé è un tema che invita alla partecipazione costante, questi sono stati distaccati allo stesso livello dei campionati di videogiochi, quindi è un modo che è stabilito per prevalere e più persone sono incantate da questo modo.

Guadagnarsi da vivere attraverso questi temi è un'alternativa che sta guadagnando forza, l'essenziale è che gli spettatori godano di ciò che stanno guardando, questo tipo di motivazione è ciò che si deve risvegliare affinché le tendenze nascenti guadagnino il proprio spazio, soprattutto con la generazione Z o V che sono le più predominanti online.

L'esperienza su Twitch può essere diversificata, a patto che si riesca a trovare un modo per trasmettere in uno stile originale, questo è ciò che rende possibile che un maggior numero di utenti si attacchi al contenuto che si trasmette, questo va di pari passo con le preferenze che nascono dal marketing digitale, dove la creatività sul contenuto si adatta.

Cosa devi sapere per iniziare su Twitch

Una delle prime considerazioni per iniziare su Twitch e guadagnare popolarità è pensare dal punto di vista degli spettatori, per scoprire cosa piace e appassiona milioni di persone, in modo da poter corrispondere ai loro gusti, questo sito di streaming in diretta sta emergendo come una delle più grandi piattaforme.

Quando si tratta di questo scopo si presenta come un'opportunità o un mezzo per raggiungere più di 15 milioni di spettatori, quindi diventa uno spazio per dimostrare che il talento professionale per raggiungere più persone, presentando videogiochi, interviste, sessioni e trasmettere tutti i tipi di contenuti.

Diventare famosi è un'opzione sotto tutte le alternative che questa piattaforma ha, quindi bisogna iniziare con l'essere un vero streamer e suscitare simpatia, oltre a soddisfare i requisiti hardware necessari per soddisfare le aspettative degli spettatori, ma anche per sviluppare il soggetto senza difetti evidenti.

- **Requisiti per trasmettere sul tuo canale Twitch**

Un passo fondamentale che si deve esaurire è quello di mostrare il contenuto nel modo migliore agli spettatori, per questo è vitale coprire alcune misure di base in modo che la tua proposta digitale sia interessante e attraente allo stesso tempo, ma è importante che tu possa contare su un buon PC o una console di gioco che sia adatta al tema che vuoi sviluppare.

Con questo in atto, è possibile dedicarsi ad avere un software per effettuare lo streaming di qualità che si sta cercando di fornire, questo include anche l'uso di un microfono in modo da avere un livello superiore di chiarezza audio, di solito è meglio investire in cuffie che incorporano il microfono perché rappresenta una maggiore comodità.

Allo stesso modo la telecamera gioca un ruolo importante, in quanto è quella che compone il contenuto in modo che i fan possano goderne, è importante che tu sappia proprio come trasmettere dal PC, per questo puoi visualizzare alcuni tutorial che ti insegnano i passaggi precedenti, per padroneggiare la registrazione da Xbox One, PS4, Nintendo Switch e altri.

Le guide su questo tipo di configurazione sono di grande aiuto per poter ottenere risultati di qualità, così come per integrare più elementi come screenshot, clip, e per implementare alcuni suggerimenti che danno priorità al livello estetico.

- **Dispositivi raccomandati per i flussi**

Lo sviluppo degli streaming richiede l'inclusione di attrezzature adeguate, anche se in alcune materie ci sono eccezioni che fanno sì che la trasmissione da un computer non sia così complicata o costosa, allo stesso modo essere uno streamer comporta un investimento continuo affinché si possa progredire e diventare sempre meglio.

Nel caso della piattaforma Twitch stessa, raccomanda di avere un processore Intel Core i5-4670 o uno equivalente ad AMD, la memoria RAM corrispondente deve essere di 8 GB, e il sistema operativo deve essere Windows 7 o superiore, allo stesso modo si può fare da un Mac.

Per lo streaming di giochi per PC, dovete avere una scheda grafica che abbia una potenza sufficiente per supportare entrambi i programmi, e deve essere in grado di supportare DirectX 10 e superiori, e per internet, dovete usare una connessione che sia veloce e stabile.

Queste misure sono raccomandate e le migliori per avere fluidità nella creazione di contenuti, per quanto riguarda internet si dovrebbe incorporare una velocità di upload di 3 MB al secondo, questo è fattibile per la maggior parte delle connessioni internet, se vi state chiedendo di trasmettere da un cellulare o un computer, quest'ultimo è sempre raccomandato.

Utilizzando il desktop di un computer è possibile avviare ed effettuare la trasmissione, perché trasmettere contenuti da un computer che è portatile è una realtà, purché possa soddisfare le specifiche di base per prendersi cura della qualità, nel caso in cui si utilizza un dispositivo mobile è necessario assicurarsi che superi le aspettative degli utenti.

I requisiti di sistema di base di Twitch sono molto accessibili, sia per la trasmissione o lo streaming, sia per la riproduzione di giochi con un alto livello grafico, anche se è vero che richiedono un notevole carico sul PC senza saturarlo completamente.

Per questo motivo alcuni popolari streamer online usano due PC per alleviare e distribuire il carico, perché uno è usato per caricare i giochi e l'altro per lo streaming, questo può essere complesso da impostare o padroneggiare all'inizio, ma è possibile utilizzare software come CyberPower che rende facile gestire due PC sulla stessa torre.

- **Dettagli chiave sulla creazione di un account Twitch**

L'adesione personalizzata a Twitch può essere sviluppata tramite https://www.twitch.tv, in modo da potersi unire alla piattaforma per poter effettuare la trasmissione, dove si seleziona un avatar, un banner e una descrizione, in modo da poter creare una presentazione in modo da essere attraente per gli utenti.

Allo stesso tempo devi incorporare la configurazione di archiviazione delle trasmissioni, in modo da avere accesso a loro temporaneamente, questo fa sì che tu possa guardarlo più tardi, per mezzo dell'opzione di configurazione, poi in canale e video troverai le trasmissioni di archivio.

- **Il software che ti serve per lo streaming su Twitch**

Uno strumento chiave o parte dello streaming su Twitch è il software di trasmissione, in modo da poter condividere il contenuto con gli utenti, il software più comunemente usato per questo scopo è l'Open Broadcasting Software (OBS), che è completamente gratuito.

D'altra parte, c'è il software XSplit, che permette o ha un'interfaccia facile da usare perché le sue opzioni sono intuitive, ma le sue funzioni sono offerte attraverso un abbonamento a pagamento per offrire esclusività, oltre la selezione del software, è necessario implementare una configurazione sulla trasmissione.

Nel mezzo della trasmissione e delle sue impostazioni, è fondamentale selezionare le fonti con cui si vuole trasmettere, cioè scegliere il tipo di monitor del computer, la fonte originale del gioco o la webcam, ed è anche vitale impostare il modo in cui gli elementi saranno visualizzati allo spettatore.

La scelta della skin o dell'overlay è importante perché è il testo che appare quando uno spettatore si è iscritto al canale, lo stesso vale per l'incorporazione di dettagli sulla chat, la formazione del feed delle donazioni per monetizzare il canale se si soddisfano le condizioni descritte.

Infine, una delle impostazioni che dovete mettere in atto è quella di sincronizzare il vostro account Twitch, in modo che siate in grado di trasmettere i flussi in diretta che volete, prendendo le precauzioni e le cure necessarie.

- ## L'incorporazione della telecamera e del microfono

Se non avete una webcam, e il tema del canale si basa sul contatto con la comunità, dovreste scegliere un dispositivo che vi permetta di mostrare la vostra faccia, e la Logitech HD Pro C920 è una delle migliori scelte che potete fare, perché offre un'acquisizione di qualità a 1080p.

Questo significa che è un ampio campo visivo, in modo da poter registrare, il modello Logitech C922 ha la stessa qualità 1080p, ma ha la rimozione automatica dello sfondo, il che significa che si può apparire nel gioco senza dover mettere uno schermo verde.

D'altra parte, c'è anche la funzione del Razer Kiyo, questo ha qualità simili a fornire la nitidezza di annullare la luce che è incorporato in modo che il tuo viso può essere distinto senza alcun problema, anche se a livello tecnico è possibile utilizzare le cuffie per lo streaming, è meglio investire in un microfono.

Più attrezzatura specializzata usi, migliori risultati puoi ottenere, e il microfono fa sì che il pubblico ti senta chiaramente, uno dei più acquistati per questo scopo è il Blue Yeti che può essere utilizzato tramite connessione USB, e fornisce un audio di alta qualità e un modo per raccogliere il rumore che si adatta.

Se non hai il budget per iniziare lo streaming in questo modo, puoi scalare o considerare altri dispositivi più economici, come il Samson Go Mic, per le sue qualità portatili, e il Razer Seiren, entrambe opzioni utili per presentare un'immagine professionale di te stesso.

Streaming su Twitch tramite console di gioco

Se avete una console Xbox One o PS4, avete la possibilità di trasmettere dalla console stessa, senza la necessità di utilizzare un altro tipo di dispositivo o software extra, per mezzo di Xbor One dovete solo scaricare l'applicazione Twitch, che potete ottenere gratuitamente.

Se si desidera eseguire lo streaming da PS4, basta scorrere verso il basso al menu per condividere dal sistema stesso, anche se via Xbox si può anche sfruttare questo tipo di opzione per connettersi direttamente alla piattaforma Twitch, oltre all'applicazione gratuita che ha il Microsoft Store.

In entrambi i casi è facile completare questi passaggi, anche se la limitazione di usare una console per lo streaming è che non si possono fare regolazioni o personalizzazioni come si può fare da un PC, ma è ancora un'alternativa efficace per far parte del mondo dello streaming.

Quando si desidera effettuare lo streaming tramite Nintendo Switch o una console simile, è possibile ottenere il controllo dello streaming tramite una scheda di acquisizione, che si può registrare nel gioco della console sul PC, in modo da poter avere contenuti meglio gestiti con il proprio timbro di personalità.

Quest'ultima opzione di streaming tramite scheda di acquisizione è una soluzione popolare all'interno di questo mezzo, tipicamente quella che viene spesso utilizzata è la Elgato Game Capture HD, che permette la registrazione di video 1080p da una Xbox One, 360 e anche su PS4, PS3 e Wii U.

Indipendentemente dal tipo di console, o dal tipo di sistema con uscita HDMI, la scheda di cattura funziona in modo ideale, si possono aggiungere adattatori di componenti per permettere lo streaming in stile retrò, per coprire alcune registrazioni lisce o fluide a 60 frame al secondo, si può salire di livello fino al punto HD60.

Trasmettere su Twitch tramite un PC

Se sei appassionato soprattutto di videogiochi, puoi collegarti a Twitch per trasmettere giochi in streaming, lo stesso vale per quando vuoi creare un qualche tipo di programma, perché è una piattaforma pionieristica per la trasmissione, motivo per cui ospita fino a 140 milioni di spettatori mensili in un modo unico.

Il tipo di streaming che attira di più l'attenzione è Fortnite, PlayerUknowns's, World of Warcraft e gli altri spettacoli che si tengono nelle categorie arte e cucina, dove anche i contenuti sportivi stanno guadagnando terreno, e chiunque può creare contenuti originali per sfruttare le opzioni di trasmissione di Twitch.

Oltre alle solite capacità di gioco di PS4 e Xbox One, hanno anche capacità di streaming, nel caso in cui si voglia farlo da un PC è sufficiente avere un hardware che possa soddisfare le esigenze di questa attività di streaming, oltre a implementare un software di streaming per utilizzare il proprio account Twitch.

Condividere i tuoi contenuti su Twitch con il mondo è facile, perché tutto quello che devi fare è iscriverti per iniziare a godere del suo funzionamento in diretta, è una piattaforma ideale per chiunque, e tutto quello che devi fare è impostare le seguenti impostazioni per iniziare a trasmettere:

1. Installate l'applicazione di trasmissione sul PC, per questo potete incorporare diverse soluzioni come l'uso di Open Broadcaster Software (OBS), che è disponibile per Windows, Mac e Linux, così come XSplit, che è progettato per Windows.

OBS è gratuito, grazie alla sua natura open source, ma ha bisogno di coprire alcune configurazioni aggiuntive, mentre XSplit ha opzioni intuitive, anche se le sue opzioni dipendono da un abbonamento a pagamento per accedere alle sue caratteristiche.

2. Vai su Twitch e accedi.

3. Selezionate il Pannello di controllo dal menu a discesa, in modo che nell'angolo in alto a destra dello schermo possiate fare le impostazioni che desiderate.

4. Trova e clicca sul tipo di gioco che vuoi giocare tramite la scheda "Play".

5. Accedi al titolo in modo da poter trasmettere efficacemente.

Se volete usare OBS, dovete anche effettuare una configurazione sul relè, in base a questi passi:

1. Cliccate con il tasto destro del mouse sull'OBS e scegliete di eseguire come amministratore, che è vitale per usare Game Capture.

2. Scegliete la configurazione della trasmissione attraverso il menu di configurazione.

3. Seleziona Twitch come servizio di streaming, poi puoi cliccare su Ottimizza in basso a sinistra del menu.

4. Torna alla dashboard di Twitch e seleziona Strem Key, quindi segui le istruzioni per ricevere il tuo codice di trasmissione unico.

5. Copia e incolla questo codice nella casella Stream Key sopra il menu di configurazione e clicca su "Ok".

La prossima cosa da fare è preparare la scena per andare in diretta, seguendo queste azioni:

1. Attraverso l'interfaccia centrale di OBS, potete cliccare con il tasto destro del mouse per entrare nella casella dove c'è scritto "Sources", per aggiungere la cattura del gioco.

2. Selezionate il tipo di gioco che state usando, grazie al menu che appare per cliccare su accetta.

3. Cliccate di nuovo con il tasto destro del mouse sulla casella "Fonts", potete quindi incorporare qualsiasi font aggiuntivo, questo vi permette di inserire immagini e testo per facilitare la formazione del disegno, potete usare Monitor Capture per visualizzare ciò che volete sullo schermo, o selezionare Video Capture per lanciare la webcam.

4. Entrate nell'anteprima del flusso per modificare la scena, questo viene applicato per adattarsi completamente al design che avete in mente, cioè potreste usare un flusso

del gioco, ma volete presentare un punto saliente o la vostra spiegazione, questo può essere aggiunto in un angolo del flusso.

5. Clicca per iniziare la trasmissione tramite il pannello di controllo di OBS, in questo modo sarai completamente in diretta.

Quando si usa XSplit, si può impostare lo streaming usando i seguenti passi:

1. Aprire e accedere a XSplit.
2. Seleziona l'opzione "Broadcast" per aggiungere il canale a Twitch nel prossimo futuro.
3. Autorizza e inserisci il tuo nome utente e la tua password di Twitch.
4. Infine, cliccate su finish, in modo che XSplit imposti automaticamente la risoluzione più appropriata.
5. Configurate le proprietà di trasmissione e cliccate su OK.

Preparate la scena per andare in diretta, usando questi passi:

1. Vai alla sezione Screen Sources in basso a sinistra dell'interfaccia XSplit e clicca su "Add".
2. Andate alla cattura del gioco, per selezionare il gioco che state per implementare.

3. Aggiungete una fonte aggiuntiva, come le immagini o lo streaming della webcam.

4. Trascinate la fonte a vostro piacimento, questo significa che quando volete presentare la cattura del gioco nel feed, come un highlight di benvenuto, potete farlo per mezzo di una casella nell'angolo che espone la webcam.

5. Poi puoi selezionare Broadcast, poi Twitch, e in questo modo sarai in diretta.

Come fare streaming su Twitch via Xbox One

Se avete una Xbox One, e volete diventare uno streamer popolare, potete iniziare lo streaming da questa stessa console, questo è un punto a favore per dimostrare che siete bravi, in giochi della grandezza o del calibro di Fortnite, questo può essere reso possibile con qualche piccolo aggiustamento in anticipo.

Hai solo bisogno di ottenere la piattaforma per utilizzare Twitch, grazie a questi passaggi:

• Scarica e usa l'app gratuita di Twitch, che è disponibile tramite l'Xbox Store.

- Accedi, devi avere un account Twitch attivo per iniziare a trasmettere dall'interno dell'applicazione.
  - Accedi a https://twitch.tv/activate tramite un browser o un PC, Tablet e anche un telefono cellulare, devi solo inserire un codice che appare sullo schermo.
- Aprite il gioco che desiderate trasmettere in streaming via Xbox One.
- Doppio clic sul pulsante home, così si può entrare nel menu e in basso si può scegliere Twitch, quindi se si ha Kinect o microfono collegato alla console, si può entrare in Twitch semplicemente dicendo "Cortana, broadcast", o dicendo "Cortana, apri Twitch", quando l'applicazione è aperta si deve cliccare su broadcast.
- Dai un nome al flusso, poi puoi usare il menu delle impostazioni prima di iniziare, questo è così che puoi regolare il funzionamento del microfono, Kinect, chat e altri, poi puoi scegliere il livello di qualità che il flusso ha.
- Accedi per avviare lo stream e attivarlo, questo può essere visto da vicino nella chat di Twitch per modificare le impostazioni tramite il lato destro dello schermo, è anche possibile nascondere la barra laterale Twitch

toccando due volte il pulsante home e selezionando l'opzione "Unpin", o dicendo "Cortana, unpin".

In questo modo sarai in diretta in un breve periodo di tempo, e in Google Play puoi trovare un'applicazione gratuita e scaricabile, ha un sacco di utility per configurare la trasmissione in tempo reale, e funziona anche per controllare come sarà la trasmissione.

L'incorporazione del titolo della trasmissione è possibile attraverso questo strumento, e rende facile condividere il link per guardare il live stream su altre reti sociali, è possibile cercare altre trasmissioni, così come altri poteri.

Impara come fare streaming su Twitch tramite la PS4

Per condividere i giochi nel mondo è possibile utilizzare la PS4, in quanto ha la compatibilità di streaming Twitch, come si può iniziare direttamente dalla console, essendo di ampio uso nel caso in cui si sta cercando di iniziare con Resident Evil 7, è un mondo che può essere meglio esplorato con questo tipo di console.

Puoi semplicemente premere un pulsante sulla console per iniziare a trasmettere su Twitch, seguendo questi passaggi:

1. Premi il pulsante di condivisione sul controller della PS4 quando sei nel gioco.
2. Scegliete "Ritrasmetti gioco".
3. Seleziona l'opzione per accedere.
   4. Vai su https://twitch.tv/active per inserire il codice sullo schermo del televisore.
5. Scegliere OK via PS4.
6. Seleziona ancora una volta Twitch.
7. Scegliete le opzioni per avviare la trasmissione.
8. Resta in diretta su Twitch.

Quando si vuole terminare la trasmissione basta premere l'opzione nel menu "Condividi", c'è anche un'app Twitch su PS4, ma non è obbligatoria, permette solo di guardare le trasmissioni di altre persone, quindi si possono trovare le trasmissioni su altre app video come Netflix, HBO Go e sul PlayStation Store.

Come è possibile fare streaming su Twitch tramite Nintendo Switch

Ogni console esistente permette la condivisione del gioco attraverso lo streaming, attraverso Nintendo Switch si può trovare un'alta compatibilità con i servizi Twitch, succede nello stesso modo in cui succede attraverso la PS4, e Xbox

One, questo è dovuto alla varietà di strumenti disponibili per il live streaming.

Dalla console stessa è possibile prendere il controllo della trasmissione, tramite Nintendo Switch questo è possibile, solo la procedura è fatta alla vecchia maniera, in quanto è necessario utilizzare una scheda di acquisizione, semplici passaggi davvero, l'importante è che si possa effettuare la connessione alla scheda di acquisizione per iniziare a sfruttare il contenuto su Twitch.

Giocare dal vivo su Twitch è ora una realtà, basta seguire i passi qui sotto per trasmettere in streaming:

- Ottenere una scheda di acquisizione, come il Nintendo Switch non funziona o non supporta la trasmissione interna come con altre console della generazione moderna, quindi si dovrebbe andare per un dispositivo di acquisizione esterno, è normale investire in Elgato HD60, ha un costo approssimativo di $ 200 USD. Puoi anche trovare altre versioni della scheda di acquisizione che ti permetteranno di trasmettere a risoluzioni più elevate, ma questo è un costo aggiuntivo.

- Una volta che hai investito per ottenere la scheda di acquisizione, la prossima cosa da fare è collegarla al dock

Switch e alla TV, perché questo è l'unico modo per trasmettere il video, quindi la scheda dovrebbe essere inclusa nella porta di uscita HDMI del dock, in modo da dover premere solo l'interruttore specifico, anche se potrebbe essere necessario un altro cavo HDMI alla TV per vedere cosa stai facendo mentre stai trasmettendo.

- Collegare l'Elgato a un PC, si richiedono le funzioni di un PC, deve essere vicino in modo che possa essere collegato al cavo USB, oltre alla porta mini USB 2.0 sulla scheda di acquisizione, e l'altra estremità può essere incorporata nel PC, in questo modo si sarà in grado di controllare la trasmissione software sul PC, ma l'immagine visualizzata è ritardata minimamente.

La connessione HDMI che va alla TV, visualizza il gioco in pieno senza alcun ritardo, è necessario scaricare il software di cattura per utilizzare liberamente la scheda di cattura, il vantaggio è che il PC non deve funzionare come fonte di alimentazione, come l'hardware della scheda di cattura riceve la maggior parte del carico.

Inoltre, bisogna concentrarsi sull'avere una connessione internet stabile, specialmente quando si trasmette, quindi è meglio usare una connessione internet via cavo per continuare con i passi:

- Crea un account sulla piattaforma Twitch, se hai già un account devi solo fare un semplice passo nel gioco, ma se non ce l'hai puoi completare ognuno dei passi gratuiti.

- Collegare l'account Twitch con il software Elgato, per questo si può scegliere Twitch come piattaforma di live streaming rispetto al software Elgato, in questo modo si può accedere e autorizzare il software ad accedere al proprio account. Il software di Elgato ha tutto il necessario per il live streaming, anche se le caratteristiche disponibili potrebbero non essere sufficienti per voi.

- È anche possibile ottenere il software di streaming da terze parti, in modo da poter coprire più controllo sullo streaming, è possibile utilizzare servizi gratuiti come OBS o XSplit, in modo da avere le funzioni di cattura video di Elgato, così come altre opzioni per lo streaming o la registrazione video.

Imparare a fare streaming su Twitch usando un portatile

I flussi di gioco su piattaforme di gioco come Twitch e YouTube sono un evento di grande tendenza, quindi quando stai cercando di trasmettere ai tuoi amici o alle reti sociali puoi pianificare media appropriati con un pubblico ben formato che può essere costruito sotto un processo progressivo, ma potresti chiederti se dovresti investire troppo.

Il processo per lo streaming è semplice, attraverso un computer portatile questo diventa una realtà, questo è il modo per iniziare, basta conoscere i requisiti minimi di software e hardware per poter utilizzare il computer per questo scopo, in quanto è un modo che funziona e si può usare a proprio vantaggio per combinare o utilizzare come hardware di ingresso.

I requisiti che è necessario superare per questo è quello di avere una CPU che è Intel Core i5-4670, o uno che è equivalente a AMD, allo stesso modo importa il livello di memoria come deve essere 8 GB DDR3 SDRAM, con un sistema Windows 7 Home Premium, dove soprattutto è necessario dare priorità al requisito della CPU per essere il componente più importante.

Il processo di trasmissione dipende anche dall'età del computer, così come la velocità della CPU, quindi con l'i5-4670 avete una CPU Haswell di almeno 3,4 GHz, quelle CPU nei computer di solito girano più lentamente, poiché soffrono di certe restrizioni di calore e potenza.

Ma queste qualità non sono una ragione esclusiva per lo streaming, purché si pratichi la configurazione appropriata, il primo passo è la selezione dell'hardware aggiuntivo, perché partendo dall'affermazione che un portatile è in grado di soddisfare tutta una serie di requisiti per lo streaming, si devono coprire altri punti.

La questione del suono non può essere trascurata, per questo è meglio puntare su un microfono esterno, questo è importante affinché gli spettatori non abbiano difetti o lamentele, lo stesso vale per la grafica che deve superare la bassa qualità, senza perdere la fluidità di una trasmissione compressa affinché non ci sia un punto di ritardo.

Questo hardware dovrebbe essere un aiuto per fornire un commento coinvolgente, con la migliore qualità possibile in modo che nessun utente possa annoiarsi o abbandonare la trasmissione, come alcuni microfoni di base che sono integrati nei PC o nelle cuffie possono essere molto al di sotto delle aspettative.

La maggior parte degli streamer va per il Blue Yeti, perché funziona come un microfono completo, coprendo così più del 90% dell'audio in ogni flusso. Se hai un budget puoi optare per lo SnowBall, dove puoi offrire un tipo di audio compatto, per la metà del prezzo, è accettabile.

L'uso di questo tipo di microfoni ogni volta che si deve trasmettere facilita l'intero processo di trasmissione, e finché sono oggetti che possono essere utilizzati tramite connessione USB, tutto è a vostra disposizione in modo che possiate portare lo studio con voi ovunque vogliate.

La cosa essenziale è che il suono non sia influenzato da nessun problema hardware, potete provare con qualsiasi dispositivo vogliate purché sia esterno, la prossima cosa da provare o coprire è la connessione internet, può essere qualcosa di sciocco, ma la misura consigliata che dovreste cercare di coprire è il minimo di 2 Mbps di banda in upload per trasmettere in 720p.

Un consiglio utile è quello di optare per una connessione cablata, in modo da avere stabilità sulla rete, dato che il WiFi soffre di più disturbi che possono frammentare la vostra trasmissione, ma tutto dipende da quanto siete sicuri della vostra connessione internet, che corrisponde al software, che può essere coperto da diverse alternative.

Una misura di software che si può implementare è GeForce Experience Share di Nvidia, così come le opzioni premium conosciute come XSplit, ma il solito è usare OBS; Open Broadcaster Software, che è completamente gratuito, e le sue funzioni sono parte della qualità open source.

L'uso di questi strumenti vi permette di avere una prestazione equilibrata, ed è facile realizzare qualsiasi tipo di configurazione, per cui avete più possibilità di trasmissioni fluide, soprattutto perché OBS è a vostra disposizione semplicemente accendendolo perché avete tutte le scene di cui avete bisogno.

La facilità di avere una scena principale come un gioco, mescolando immagini esplicative, la proiezione della webcam del vostro viso, e l'input audio attraverso il microfono, è una semplicità che viene visualizzata su un unico schermo, dove non si perde il controllo per fare eventuali tagli e poi riprendere.

Su ogni scena è possibile utilizzare una varietà di fonti, così come una diversità di organizzazioni, con un semplice posizionamento del tipo in modo da non perdere nulla, nel caso in cui si desidera aggiungere un dispositivo di input audio come un microfono basta cliccare sul segno "+".

Questo processo si ripete con ogni tipo di software, quindi si chiama un percorso semplice in teoria, il menu permette di cambiare e integrare senza soluzione di continuità, dove non deve mancare la fonte che vi aiuterà a integrare lo screenshot, questo a sua volta permette di cambiare e creare le scene del gioco che sono più suggestive.

Per effettuare questo processo si deve usare il tasto streaming, per salvare tutte le impostazioni e indicare semplicemente di iniziare lo streaming, e tutto ciò che si può continuare a monitorare in anteprima, nel caso in cui si voglia testare ciò che uno stream richiede dal PC si può avviare lo stream con un "?", in modo che lo stream venga inviato, ma non venga visualizzato sul canale, e in questo modo si possono rilevare i guasti.

Quando ti trovi a fare lo streaming attraverso il software OBS, potresti compromettere alcune risorse del tuo PC, questo può essere ridotto attraverso le opzioni video, in modo da poter abbassare la qualità dell'uscita streaming, puoi impostare 720p come impostazione accettabile, e usare la velocità di 30 fotogrammi al secondo.

Un'altra impostazione che si può cambiare è l'impostazione della priorità, che, invece di essere impostata su alta, si può andare nella sezione avanzata della configurazione, altri dettagli preimpostati possono essere scelti per le CPU più lente, anche la codifica hardware può essere cambiata per ottenere risultati migliori.

Ma non dovreste limitare tutte le funzioni perché il software funzioni correttamente, anche se disabilitare l'anteprima è un altro modo per aiutarvi a non consumare così tante risorse, quello a cui dovreste pensare è di coprire più potenza alle trasmissioni man mano che l'account avanza.

La questione delle prestazioni ha molti lati, perché molti preferiscono un computer da gioco, e altri con un computer decente possono cavarsela con le trasmissioni, tutto dipende da come ci si sente meglio a lavorare, quindi la cosa migliore da fare è provare fino a fare il passo finale nelle trasmissioni.

- **Dell XPS 13 con grafica Intel HD**

Quando si pensa allo streaming tramite un computer portatile, l'aggiunta della grafica Intel HD può causare curiosità e polemiche, anche perché può richiedere una maggiore dose di pazienza, perché la mancanza di grafica è uno svantaggio per la codifica hardware e la GPU, perché è satura al 100% per qualsiasi gioco.

A seconda del gioco e il tipo di streaming che si sta facendo, è possibile iniziare a testare con 720p, così si lavorerà con una delle impostazioni più basse, questa opportunità aiuta ad adattarsi alla capacità dell'attrezzatura, ma ancora media quanto fps si è in grado di coprire, così si può vedere quanto è influenzato.

Quando si riesce ad avere una CPU leggera, si può avere un portatile capace di riproduzione e trasmissione, imponendo i limiti di 30 fps che è in grado di tollerare, questo fa sì che non sorgono interruzioni durante la trasmissione, ma ciò che accade è che si nota la compressione del video su alcune scene, ma considerando il livello, è accettabile.

Devi sperimentare con le risorse grafiche e investire, perché in questo modo le tue trasmissioni guadagnano il valore che ti aspetti per ottenere l'attenzione del pubblico, in modo da non dover applicare una comprensione dopo o molto meno.

- **Xiaomi Pro - Nvidia MX150**

È noto come uno Xiaomi Pro Ultrabook che ha una CPU di qualità i5-8250U, oltre ad avere quattro core, e 8 GB di RAM, in termini di grafica ha Nvidia MX150, quindi stai andando ad avere un driver che è in grado di superare le vostre aspettative, l'MX150 è destinato a una versione mobile dalla GT 1030.

Questi tipi di qualità offrono ciò che qualsiasi GPU non può integrare, il tutto racchiuso in un Ultrabook ultrasottile, questo accesso significa che può utilizzare la codifica hardware per fornire una buona qualità di streaming, e permette di spingere la qualità dei propri contenuti fino a dove si vuole.

Attraverso l'intera gamma di opzioni grafiche fornisce una qualità di 1080p, questa prestazione è accompagnata da una simile prestazione a 720p, anche se lo spettatore riceve un'esperienza migliore sul flusso, senza alcun salto di compressione, quindi un'impostazione di 60 fps è accettata senza alcuna limitazione o avvertibile durante le scene.

L'utilizzo di un Ultrabook con una GPU dedicata di fascia bassa è sufficiente per le trasmissioni a 720p, in modo che lo streaming possa essere visto in alta qualità, con prestazioni ottimizzate.

- **L'uso di computer portatili progettati per i videogiochi**

Potete provare alcuni computer che sono orientati a supportare il gioco, poiché questo garantisce una risposta migliore, in più supportano tutti i tipi di aggiornamenti, lo spazio di trasmissione è assicurato da una buona attrezzatura che ha potenza.

Alcuni computer che si possono provare con piena raccomandazione è il GL62M-7REX, anche se può offrire una trasmissione bassa, se confrontato con un computer che ha una GPU di fascia media ed è moderno, per questo motivo per trasmettere da un computer portatile, si possono trovare diverse alternative per rendere questo più facile e agevole.

Inoltre, avete l'uso di software libero per soddisfare qualsiasi scopo di trasmissione, e con una bassa configurazione, insieme a qualche funzione hardware, potete ottenere risultati brillanti per dare la giusta immagine alla vostra comunità.

Trucchi per catturare momenti epici su Twitch

Guardare qualsiasi canale Twitch è sinonimo di trovare un pezzo di contenuto che si desidera condividere o che è scioccante, non importa cosa cattura l'attenzione si può prendere uno screenshot per condividere quel tipo di momento speciale o scena, questo è semplice e sta diventando popolare.

La funzione clip di Twitch rende questo facile, perché con pochi clic, puoi esporre i punti salienti di qualsiasi canale che hai guardato, ma è una caratteristica che hanno i canali in abbonamento, quindi se hai le clip, devi conoscere il modo giusto per usarle seguendo questi passi:

1. Posiziona il canale Twitch che hai scelto, poi controlla se ha l'opzione clip disponibile, perché è limitata per alcuni account, per controllare devi cercare il pulsante viola dell'abbonamento per iniziare, inoltre le clip possono essere ottenute su contenuti live, e non funziona con contenuti pre-registrati.

2. Passa sopra il lettore video, in modo da cliccare sull'icona della clip, in basso a destra, in modo che un video clip di 30 secondi inizi in una nuova scheda, a seconda della modalità Twitch, hai fino a 25 secondi prima di cliccare e 5 secondi dopo.

3. Clicca sulla scheda in modo da poter visualizzare la clip che hai appena registrato, poi puoi usare e sfruttare i pulsanti su alcuni social network come Twitter, Facebook e Reddit per condividere il contenuto, oppure puoi copiare il link e inviarlo, una volta che guardano la clip, gli utenti possono vedere il tuo nome in alto e per salvare la clip, puoi fare clic destro e selezionare "salva video con nome".

Come costruire un pubblico sul tuo account Twitch

Twitch ospita un numero impressionante di celebrità, in quanto è una piattaforma che offre un modo di monetizzare e sviluppare contenuti come nessun altro, e questa libertà di streaming è qualcosa che i fan di questo tipo di contenuti hanno chiesto, dove si mantiene uno stile elegante e una diversità di argomenti.

I migliori streamer si dedicano ai loro account con un alto livello di professionalità, ma ciò che gli utenti amano di più è la loro personalità nel raccontare o sviluppare alcuni contenuti, quindi c'è ancora spazio per molti account, purché ci si dedichi ad offrire originalità e un modo diverso di raccontare quell'argomento.

Il profilo che devi soddisfare per formare una comunità è quello di uno streamer che è umile, amichevole, e soprattutto che presta molta attenzione all'interazione, perché il trattamento che dai nella chat ha un valore importante per qualsiasi comunità, quindi è un dovere trattare le persone come la cosa più preziosa dell'account.

Ma la crescita del pubblico ha anche a che fare con i componenti o i dettagli della trasmissione, questo ha il nome di consegnare su; Tempestività, Presenza, Interazione, Coerenza e Abilità, questi sono i punti su cui bisogna concentrarsi per creare un vero nome.

Su Twitch si può fare molta strada, soprattutto quando si esauriscono tutte le opzioni di crescita come la formazione di una partnership, e si può eventualmente fornire agli utenti alcuni vantaggi per creare un abbonamento mensile, che crea esclusività e allo stesso tempo è un segno o simbolo di reddito per voi.

Non importa quale livello di streamer tu sia, dovresti puntare a migliorare, e mettere in pratica tutte le azioni che sono di tendenza all'interno di questo mezzo, puoi prendere in considerazione queste raccomandazioni per il tuo account per scalare:

- **Trovare e definire la tua nicchia**

Per distinguersi in un ambiente con 2 milioni di streamer, il primo passo fondamentale che devi fare è generare una buona idea o tema, che allo stesso tempo deve essere diverso dal resto, perché probabilmente è già stato trattato da un altro account, quindi devi specializzarti in qualcosa di specifico che puoi trasmettere.

Anche se qualsiasi tema scelto deve essere completamente padroneggiato da te, in questo modo puoi sviluppare contenuti di qualità, per ottenere l'apprezzamento degli spettatori e trasmettere che contano su di te, è necessario diffondere divertimento, risate, intrattenimento e soprattutto interesse in modo che continuino a guardarti, tutto questo sotto la naturalezza.

- **Essere coerenti**

È fondamentale che tu mantenga il tuo account coerente, perché in questo modo gli utenti ti tratteranno e ti programmeranno come se fossi un programma televisivo, quindi ogni volta che vai in diretta, puoi creare un programma, così è facile promuoverlo e gli utenti si ricorderanno di guardarlo senza dover vedere pubblicità.

- **Costruire alleanze**

Una grande parte del successo degli streamer sono le partnership, perché è un modo di condividere e moltiplicare il senso dell'umorismo, aumenta anche l'interazione degli utenti perché entrambe le comunità si fondono, quindi avere uno stream con qualcuno con notevoli risultati o anche una celebrità sul tuo argomento attira un alto livello di traffico.